My Name is

____

- -

____

Copyright © 2018

Tracing Numbers Books
For Kids Ages 3-5

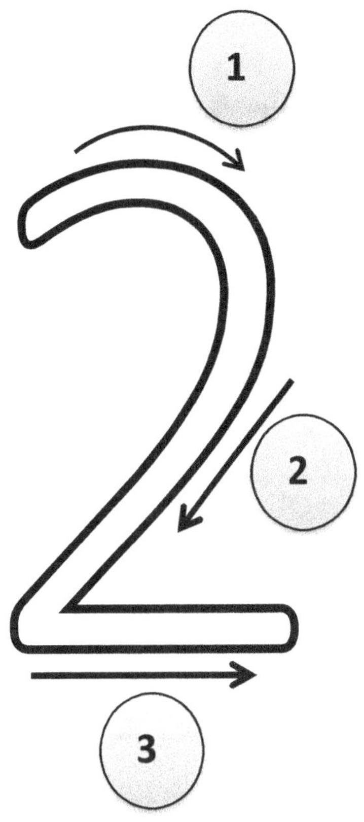

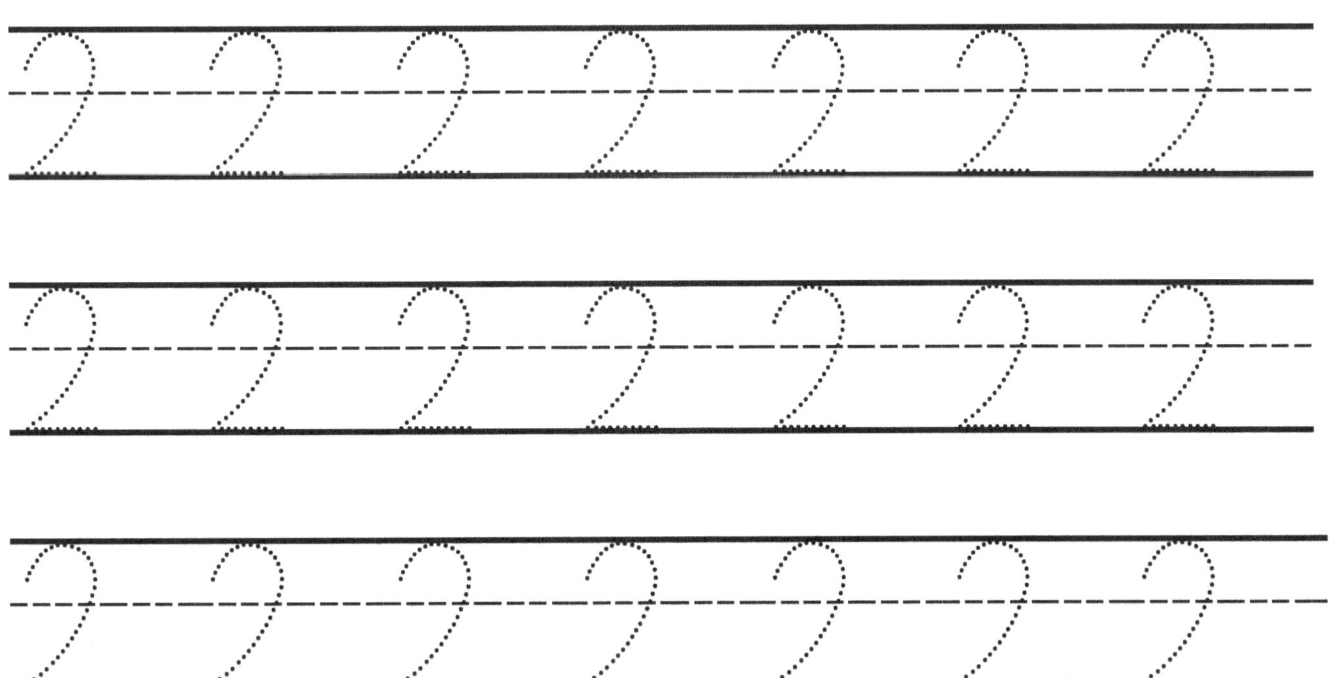

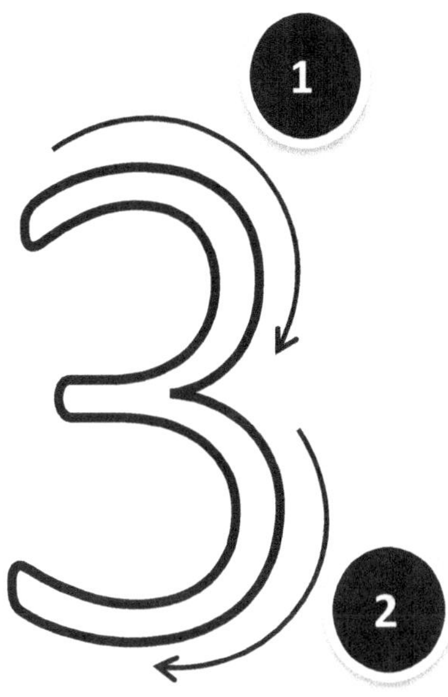

3 3 3 3 3 3 3

3 3 3 3 3 3 3

3 3 3 3 3 3 3

3 3 3 3 3 3 3

3 3 3 3 3 3 3

3 3 3 3 3 3 3

3 3 3 3 3 3 3

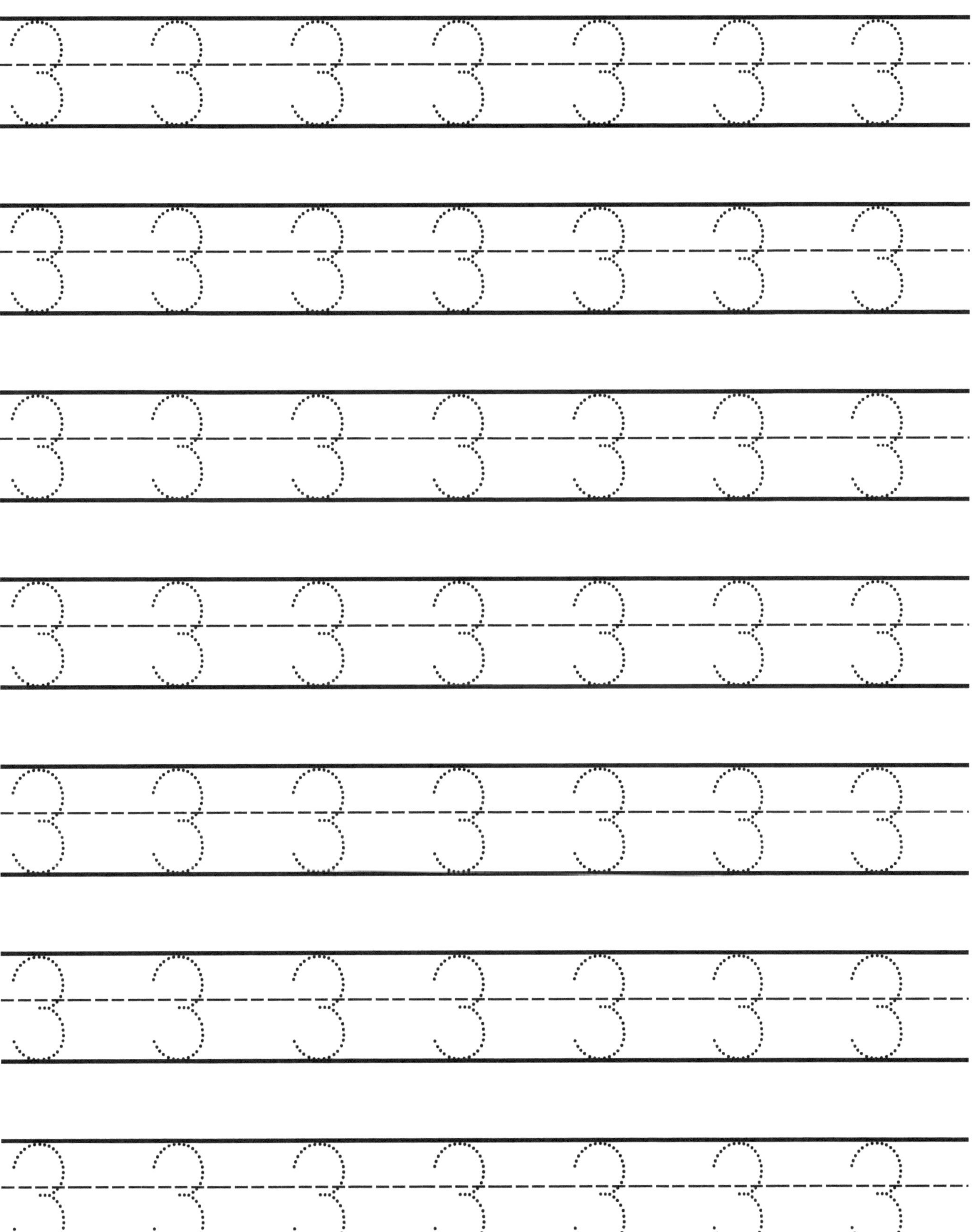

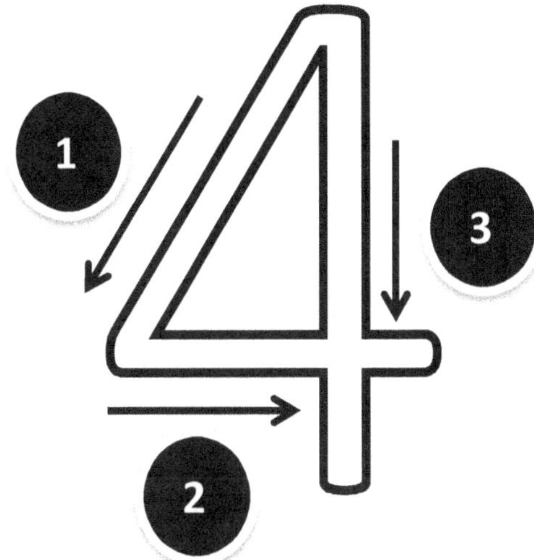

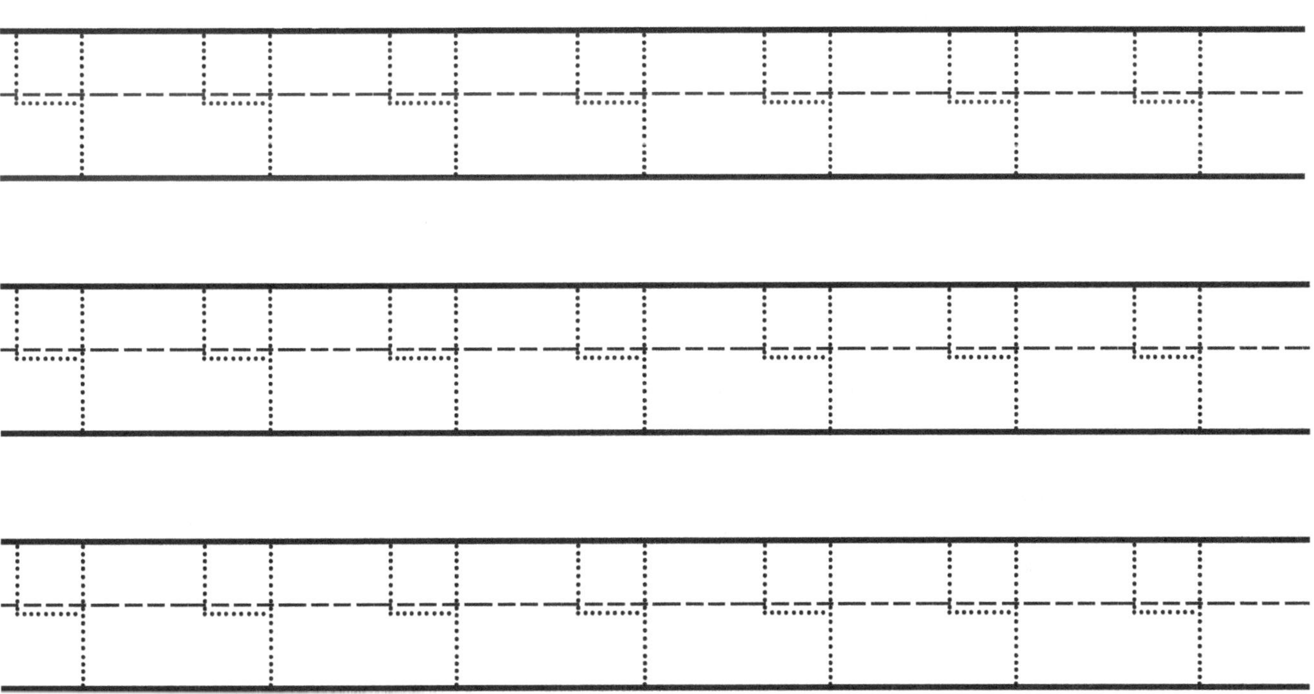

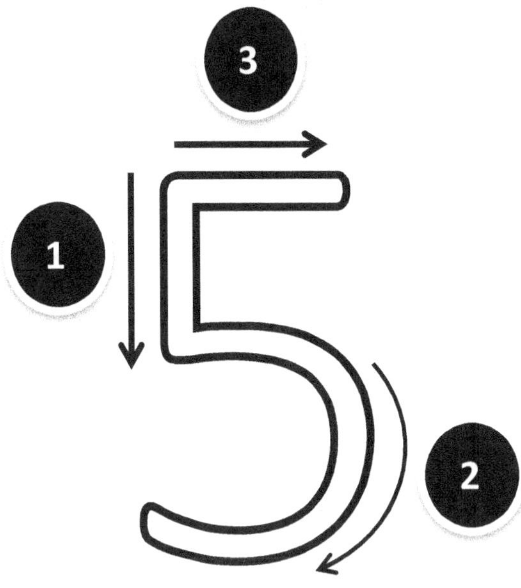

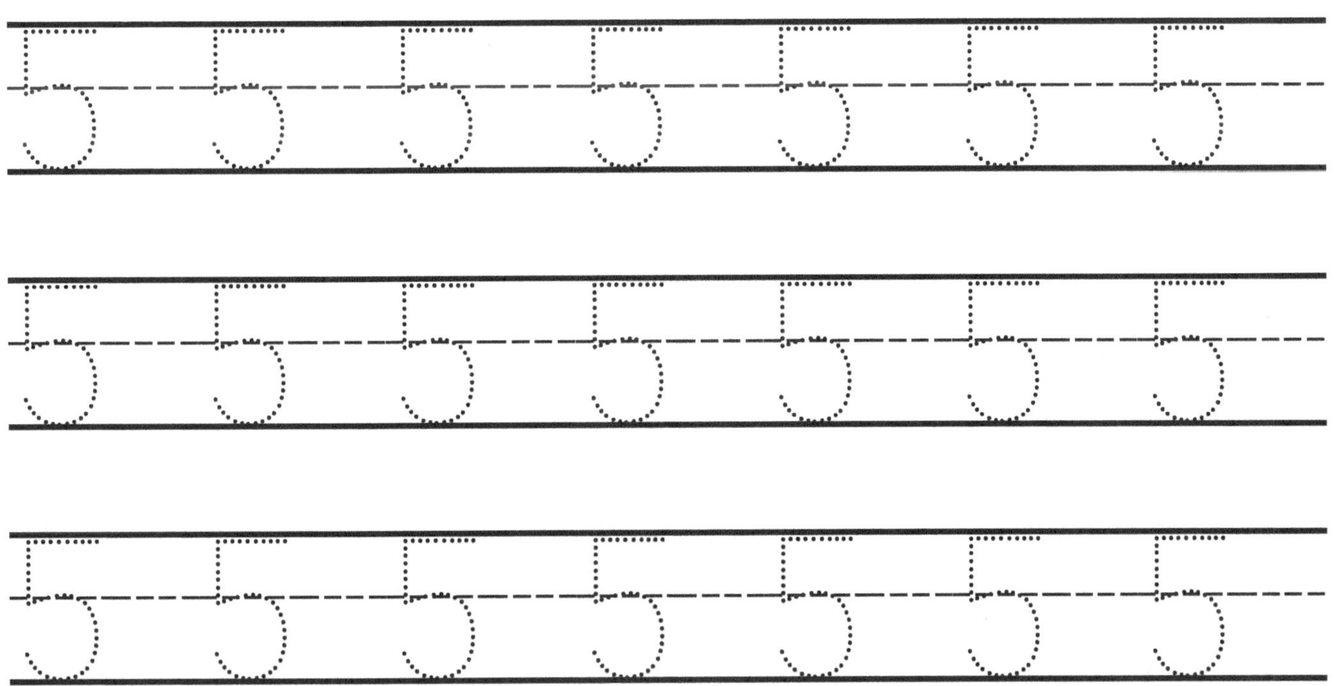

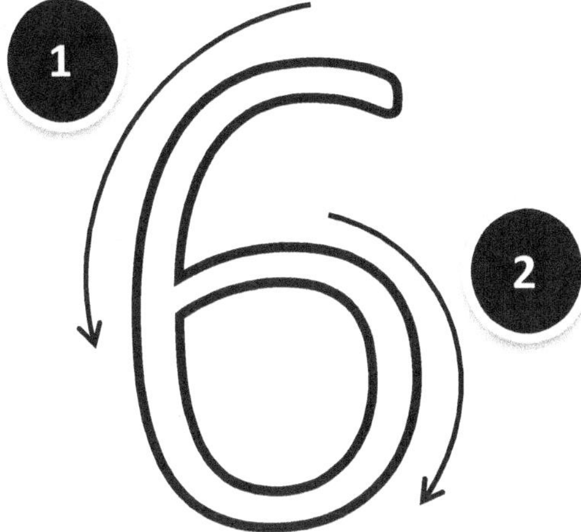

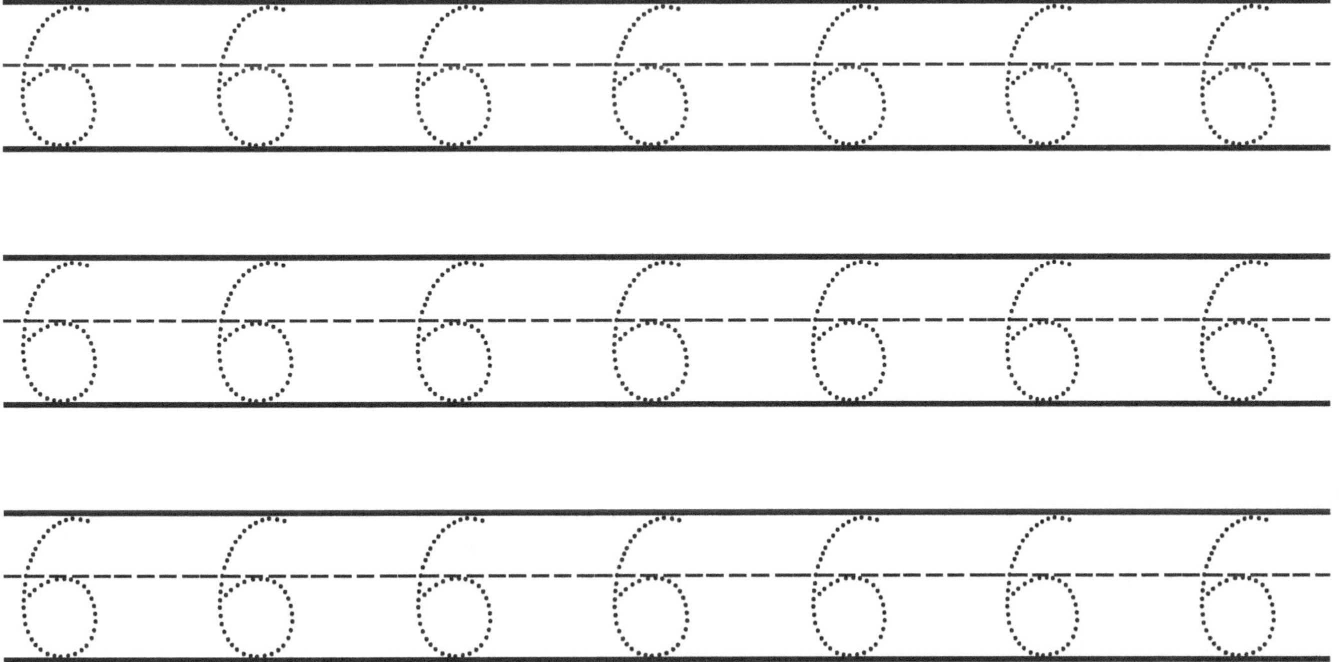

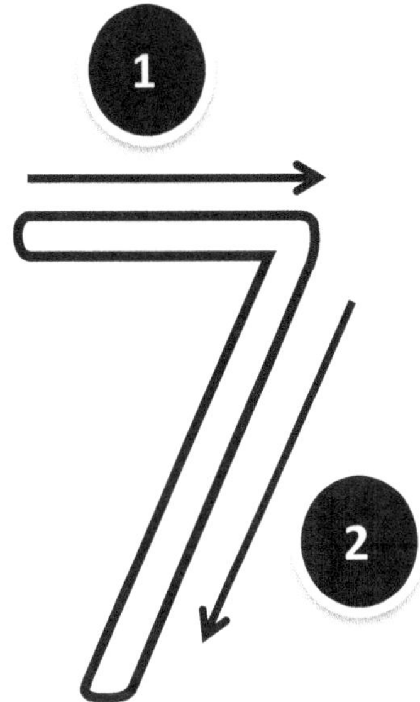

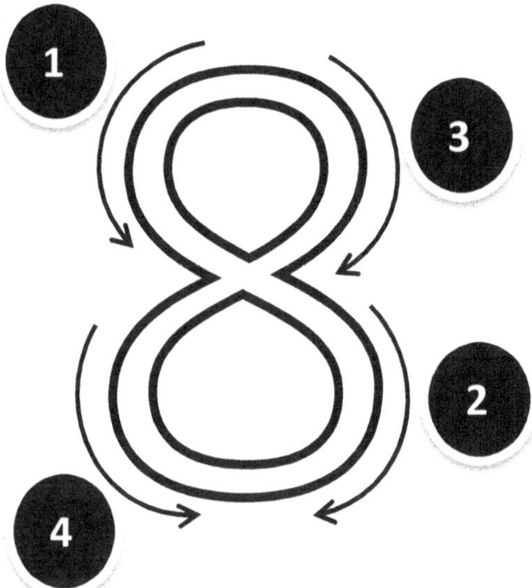

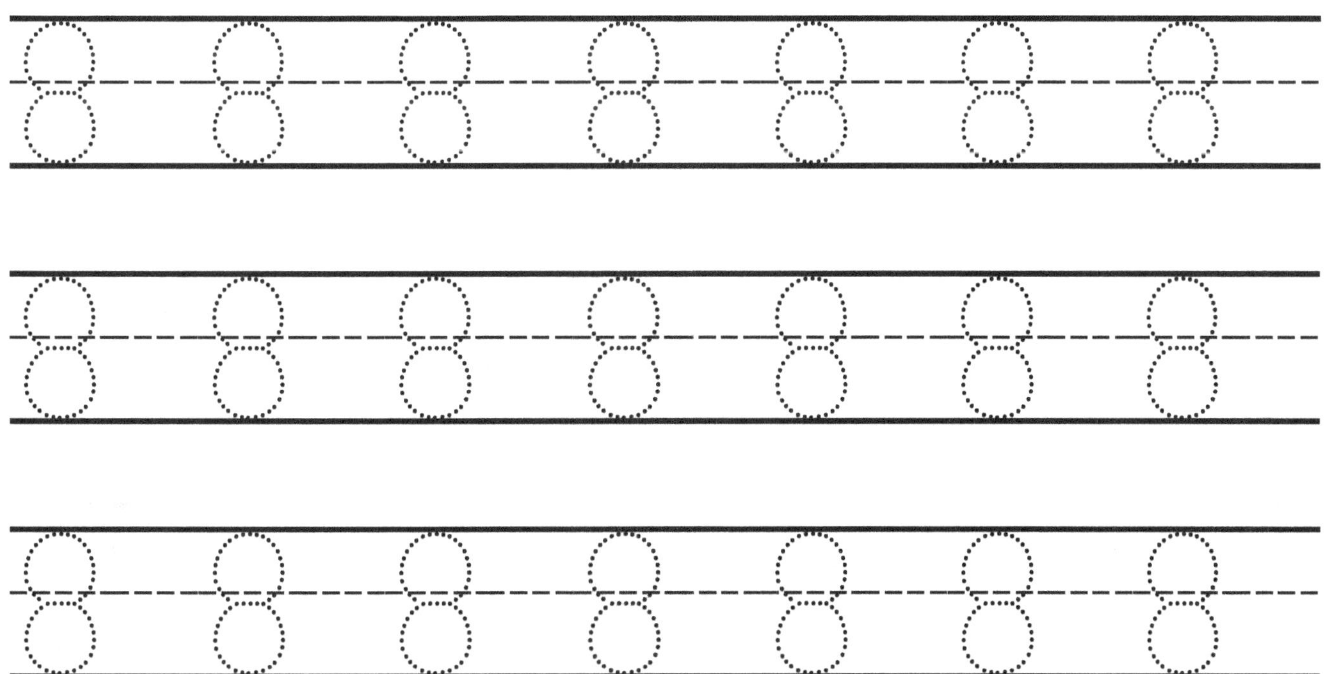

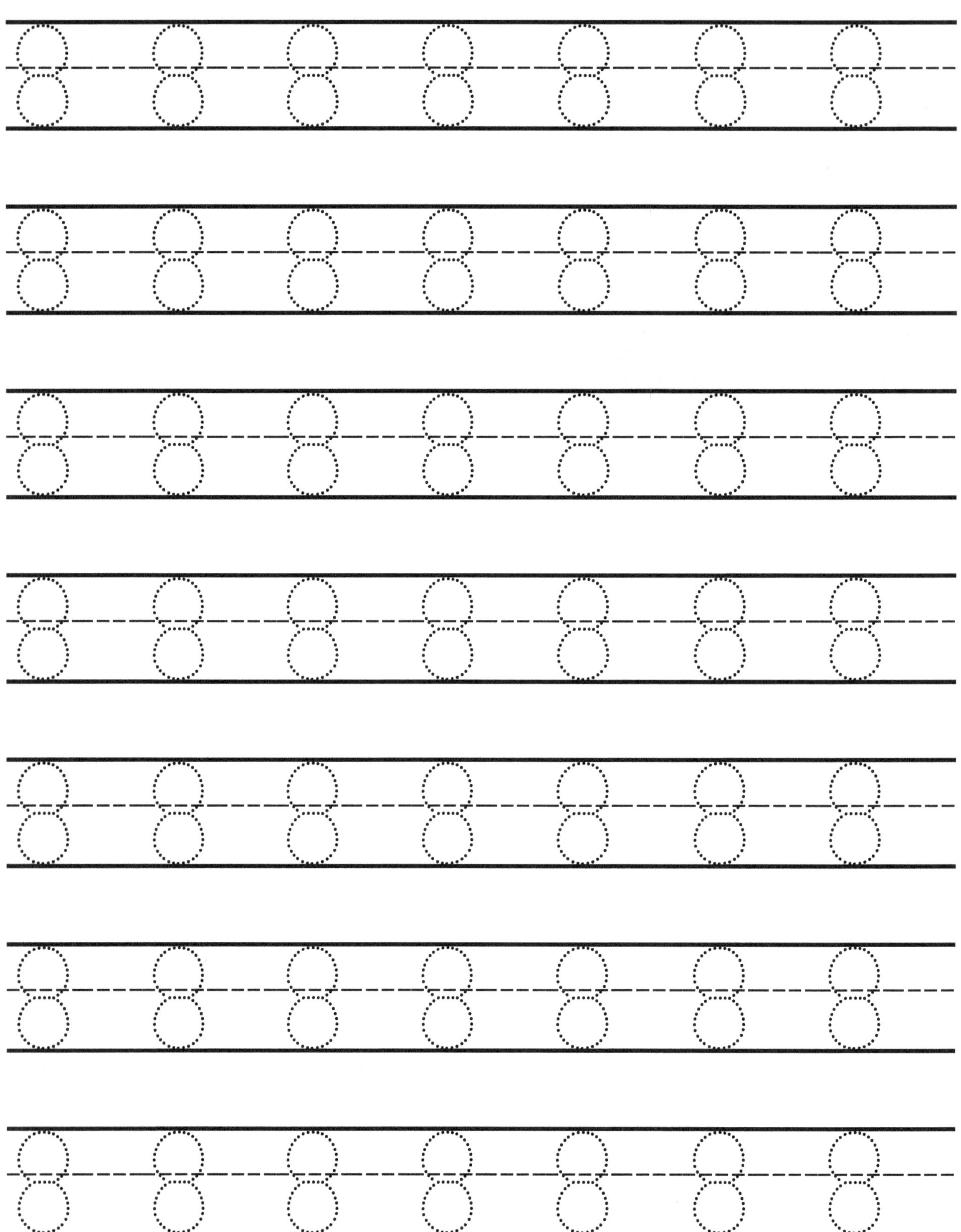

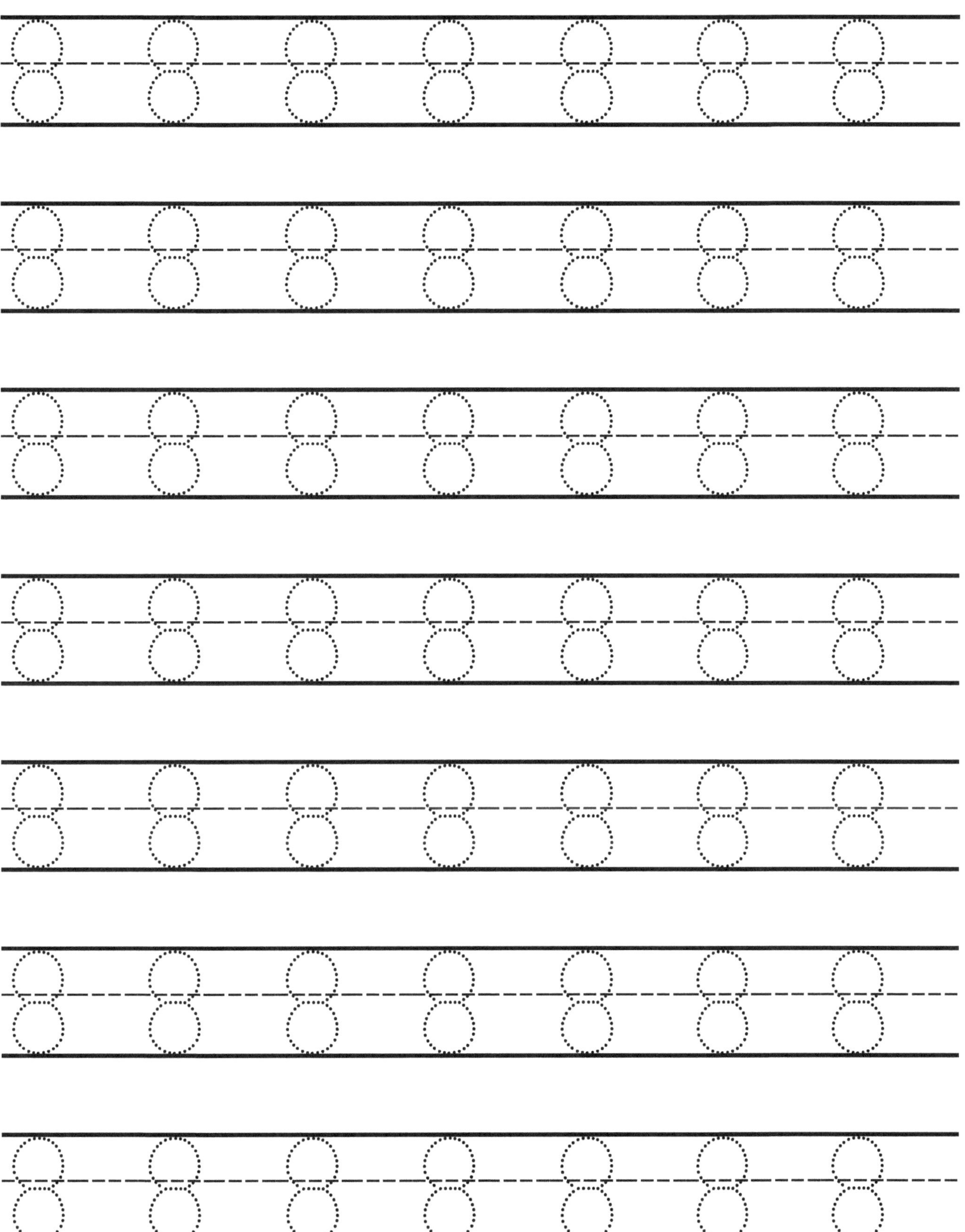

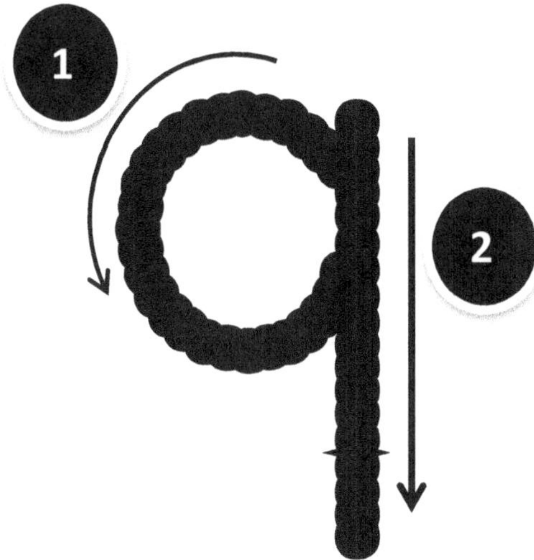

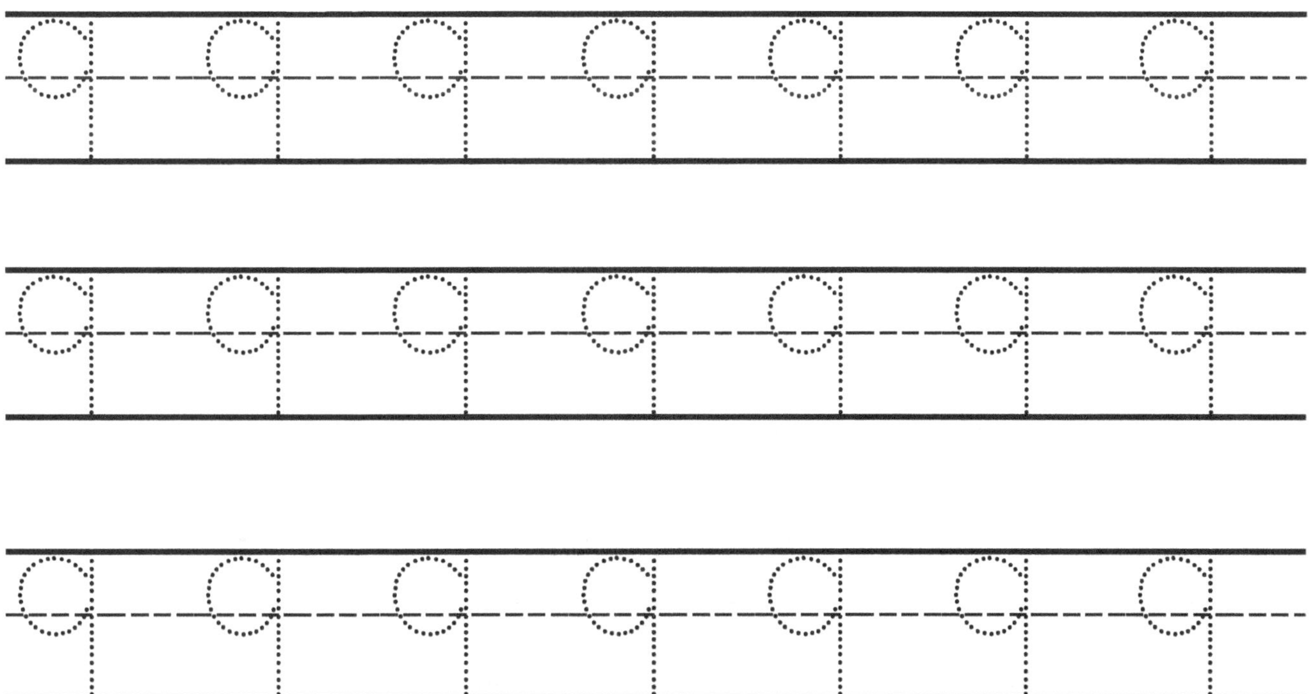

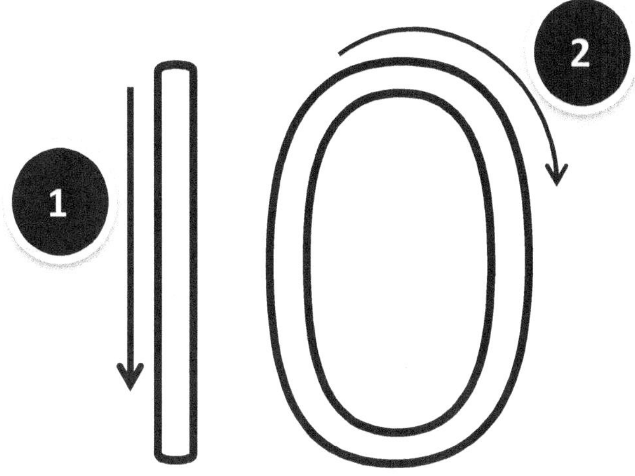

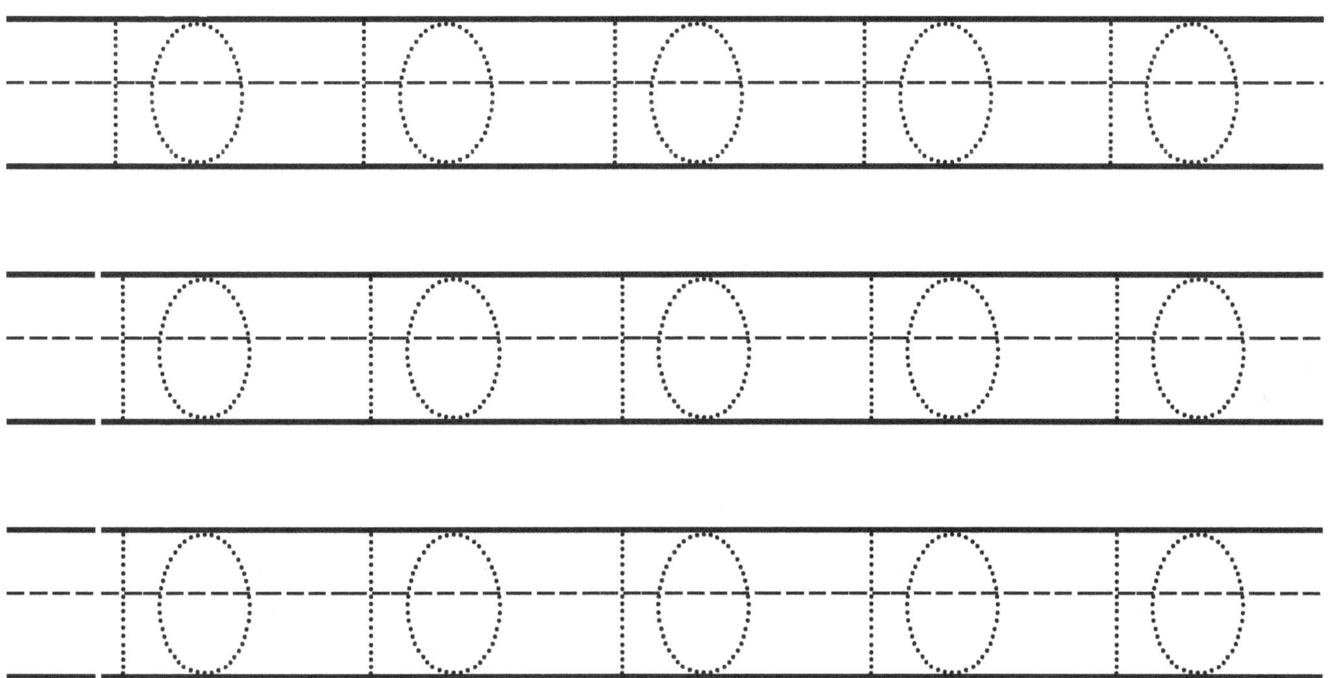